AF263109

CHARLES DUVAL

A SES COLLÈGUES,

ET A SES CONCITOYENS.

Paris, 25 nivôse, l'an 3ᵉ de la République une, indivisible et démocratique.

Dans une note insérée dans le Nᵒ. du *Journal des Hommes libres* d'hier, j'ai répondu, je pense, aux diverses inculpations qui ont été dirigées contre moi dans la séance de la Convention nationale. Mais comme tous mes collègues ne voient pas ce journal, je vais mettre sous leurs yeux ce que j'ai répondu à ces différentes inculpations, j'y ajouterai quelques détails; peut-être alors mes collègues verront que je ne suis pas tel qu'il a plu à la malveillance ou à la haine, ou à je ne sais quel autre senti-ment de me peindre à eux.

On m'a reproché d'abord, d'avoir, avant-hier, parlé à des femmes dans la rue

A

Honoré, à partir depuis les ci-devant Jacobins jusqu'au ci-devant Palais royal, et que ces femmes en me quittant s'étoient élevées contre le décret sur l'augmentation de l'indemnité des représentans du peuple.

J'ai nié positivement le fait, et j'ai assuré, ce qui est très-vrai, qu'avant-hier, je n'avois parlé à aucune femme dans la rue Honoré. J'aurois pu dire encore que je traverse tous les jours cette rue, en sortant de la Convention pour me rendre chez moi où la malveillance et l'espionnage peuvent me suivre, et où ils ne trouveront ni conciliabules, ni élémens quelconques de conspiration ; ils y trouveront une famille indépendante et fière, toujours heureuse de sa réunion, gémissant souvent des déchiremens de la patrie, sans cesse prête à la servir et jamais à la trahir ou à y fomenter le trouble ; j'aurois pu dire encore, qu'avant-hier au sortir de la Convention, je vins, suivant mon usage, dîner avec ma femme et mes enfans, que je ne quittai que vers huit heures moins un quart, pour me rendre au Lycée républicain, d'où je rentrai vers neuf heures et demie, dix heures, et que, je le répète, je ne parlai à aucune femme, ni dans la rue Honoré, ni dans aucune autre rue.

J'ai ajouté dans le *journal des hommes libres* de ce jour, que, si on m'en avoit donné le temps hier, j'aurois dit que, tout en sentant, comme tout le monde, la justice et la nécessité de l'augmentation des traitemens des agens de la République, j'aurois désiré que le décret fût rendu général; que peut-être je n'aurois pas trouvé grand inconvénient à renvoyer le tout au rapport qui en a été ordonné pour trois jours, et qu'en conséquence j'avois voté avant - hier pour l'ajournement du tout à trois jours; mais qu'un décret, une fois rendu, l'on ne m'a jamais entendu déclamer contre ce décret, et que la manière dont cette discussion a été rendue, dans le journal même, en est la preuve.

Quant à ce qui s'est passé avec Harmand à la section de la police générale, où j'étois allé pour une affaire qui la concerne ; certes, citoyens, j'étois loin de m'attendre qu'une conversation particulière et imprévue, pût devenir un chef d'accusation contre moi ; j'étois loin de penser, je l'avoue, que des inquiétudes témoignées à un collègue, en réponse à celles qu'il m'avoit témoignées lui-même le premier, sur notre situation présente (et ici je l'atteste lui-même, quoique déjà il m'ait rendu ce témoignage à la tribune); j'étois loin de penser, dis-je, que ces inquiétudes bien naturelles, bien permises à un ami de la patrie, à tout citoyen, et à plus forte raison à un représentant du peuple, dûssent me faire transformer en chef de conspiration.

Qu'Harmand s'explique donc aux trois comités, moi présent ou absent, peu m'importe ; je m'en rapporte à lui : qu'il leur rende compte de cette conversation que je ne rappellerai pas ici, puisqu'un ordre du jour, que la prudence de l'assemblée a cru devoir prononcer, est venu interrompre les détails que j'allois donner, ne songeant qu'à détruire l'inculpation dirigée

contre moi. On verra si, dans cet entre-
tien , que je n'ai ni cherché , ni pro-
voqué , il y avoit le moindre mot, la
moindre apparence de conspiration ; si ce
n'étoit pas tout simplement un épanche-
ment réciproque de craintes, d'inquiétudes
et de conjectures , et si nous avons parlé
des *plans du Comité de Salut public*, ni
même du Comité de Salut public. Le
crime de conspiration, comme tout autre
crime, gît et dans le fait, et dans l'inten-
tio n ; et certes, personne ne me prouvera
ni fait , ni intention.

Cessez donc, vous qui ne rêvez que
conspiration , de voir des conjurés dans
tous ceux de vos collègues , qui n'ont
pas la même opinion que vous. Songez
donc une bonne fois qu'on peut aimer
également la patrie , et penser différem-
ment sur les moyens de la rendre flo-
rissante et heureuse ; que le peuple peut
être également bien servi , et par celui
qui propose , et par celui qui con-
teste, parce que la discussion en naît,
et que c'est par la discussion seulement

et non par les injures, ou l'opprobre, ou le soupçon dont vous accablez vos collègues, que les principes peuvent triompher. Songez sur-tout que l'accusation de conspiration est la plus terrible de toutes; que c'étoit l'arme favorite de Robespierre; qu'il faut en être bien sûr avant de la hazarder, et que vous seriez bien embarrassés à donner la moindre preuve, la moindre apparence même, à celle que vous vous êtes permise contre moi. Cependant, vous le devez à la patrie et je vous en somme même; sondez, scrutez, fouillez, recherchez ma conduite, ma vie, mes mœurs, mes habitudes, mes opinions même, quoique cependant je ne prétende pas à l'infailli-bilité. Vous pourrez y trouver des fautes, des erreurs, comme on sait, malheureusement inséparables de l'humanité, mais du crime je vous en défie.

On a dit ensuite que j'étois *payé* par l'ancien comité de Salut public, que j'en recevois douze mille francs par mois, pour le journal des hommes libres.

Mais on n'a pas dit que le journal des

hommes libres étoit fourni au nombre de six mille chaque jour, pour les 14 armées de la République ; et l'on ne prétendra pas sans doute que cette fourniture dût être faite gratis. L'on n'a pas dit que *payer* un journal ou s'abonner à un journal sont deux choses très-différentes, que le gouvernement loin de *payer* celui des hommes libres, comme on le prétend, s'y est abonné à un prix beaucoup au-dessous de celui des particuliers, et que ce *paiement* qu'on fait sonner si haut, n'étoit que le prix intrinsèque de la fourniture faite, qui, je le répète, ne pouvoit l'être gratis. Voilà à quoi se réduit le prétendu paiement par le gouvernement.

Il étoit bon d'expliquer bien nettement ce point, afin qu'on sache apprécier ce mot répété avec affectation, *il recevoit douze mille francs par mois pour son journal,* comme si on m'avoit grutifié de douze mille francs par mois pour faire un journal, ce qu'on voudroit bien faire entendre, ce qui ne m'a jamais été proposé, et ce qu'à coup sûr je n'aurois jamais accepté.

Quant aux principes du journal qu'on a aussi attaqué dans le rapport sur la conspiration de Robespierre, j'en fais juges tous ceux de mes collègues qui l'ont constamment suivi, et ils sont en grand nombre. Qu'ils disent si jamais ils l'ont trouvé servile, rampant, désorganisateur ; non, il a été entrepris pour la liberté, et adressé aux hommes libres, il en a toujours été digne, j'ose le dire ; je n'ai jamais écrit que ce que j'ai cru être le bien, que ce que j'ai cru utile à la liberté, à la patrie : j'ai pu me tromper quelquefois, mais toujours j'ai pensé, agi, écrit d'après ma manière d'envisager les objets, et non d'après telle ou telle impulsion, tel ou tel intérêt, telle ou telle passion, telle ou telle cabale, faction, parti ou opinion régnante. Quelquefois peut-être n'ai-je pas dit toute ma pensée ; quelquefois peut-être ai-je cru devoir ou la taire tout-à-fait, ou n'en dire qu'une portion pour ne produire ni déchirement, ni trouble ; mais lorsque j'ai dit quelque chose, ç'a toujours été ma pensée, et non celle d'un autre ; ç'a toujours été pour servir la patrie, et non un homme, ou des projets particuliers ; je n'ai connu, et ne connois, pour un représentant du peuple, d'autre mobile que les principes et le bonheur public, d'autre ambition que de les faire triompher, d'autre bien que l'estime du peuple.

L'on ne m'a jamais vu flagorner ni caresser personne ; et Robespierre, auquel Courtois, dans son rapport, prétend que j'étois dévoué, ne m'a jamais vu chez lui, ni dans aucune de ses sociétés ; je ne lui ai peut-être pas parlé trois fois dans ma vie ; et certes, son ton seul et ses manières en fesoient, pour moi, l'homme de la Convention que j'aurois le moins recherché. Je le haissois bien avant que son ambition se manifestât, par cela seul que je le trouvois tyran de l'opinion ; et Villars, Plaichard, Thibaudeau, Fourcroy, tous mes collègues enfin, du comité d'Instruction publique, et plusieurs autres dans la Convention, peuvent dire de quelle manière je m'expliquois sur son compte. Non, Courtois, non, je n'étois point dévoué à

Robespierre ; je ne l'ai jamais été , ni ne le serai à personne ; je serai indépendant et libre jusqu'à mon dernier soupir , je ne serai jamais l'homme d'un homme ou d'un parti , je serai l'homme du peuple , suivant mes moyens , et ma conscience sur-tout. Voilà ma profession de foi.

Il est pénible de parler de soi , je le sens ; mais n'y suis-je donc pas forcé par celui-là qui me nomme chef de conspiration , par celui-ci qui m'appelle le serviteur de Robespierre , par d'autres qui me désignent comme agent de faction ; et aucun d'eux ne me connoît !......

Mais revenons à l'envoi du *journal des hommes libres aux armées , afin* , a dit Courtois , *de les désorganiser*. Mais étoient-ils donc désorganisateurs et dévoués à Robespierre , les représentans du peuple qui l'y ont distribué ? Ce fut Courtois lui-même et ses collègues , qui , les premiers , en firent la demande pour l'armée du Nord. Ce fut un mois après que le ministre de la guerre demanda à prendre des arrangemens pour y prendre aussi un

abonnement. Etoit-ce donc pour désorganiser le premier bataillon de la Gironde
que la Convention nationale décréta que le
journal des hommes libres lui seroit
envoyé ? Etoit-ce donc pour désorganiser
l'armée du Nord que Laurent, Bentabole,
Richard et tous ceux qui se sont succédés
dans cette importante mission , y ont
faire parvenir ce Journal ? Etoient - ils
donc désorganisateurs et dévoués à Robespierre les Représentans du Peuple, qui,
dans les autres points de la République,
dans la Lozère, à Bayonne, à Tours, etc.
ont aussi desiré, demandé et distribué ce
Journal ? et tant d'autres de mes Collègues
qui y étoient abonnés eux-mêmes, ou qui le
faisoient passer à leurs Communes , aux
sociétés populaires ou à leurs amis, et qui
n'étoient pas plus dévoués à Robespierre ,
et n'avoient pas plus d'envie de désorganiser que moi ; dira-t-on aussi que j'étois
payé par eux tous *pour faire un Journal* ?

J'ai répondu suffisamment, je pense ,
aux inculpations dirigées contre moi.

Mes collègues me connoîtront peut-être un peu mieux qu'avant ces explications. J'ai dit la vérité, parce que je hais fortement le mensonge, que je regarde comme le plus grand fléau de la société. J'ai évité toute espèce de personnalités, parce que je ne les aime pas aussi, et que rarement j'en ai eu à me reprocher.

J'observe, en terminant, que deux autres inculpations m'ont été faites dans un écrit publié par Dubois - Crancé. Ma réponse étoit sous presse ; j'en ai suspendu la distribution ; elle aura lieu avec celle-ci : mes Collègues et mes concitoyens me jugeront.

CHARLES DUVAL.